语文写霸
Chinese
YUWEN XIEBA

庄生晓梦迷蝴蝶

望帝春心托杜鹃

沧海月明珠有泪

蓝田日暖玉生烟

高中古诗文
理解性默写

田英章 书
中国硬笔书法协会首任会长

正楷

上海交通大学出版社
SHANGHAI JIAO TONG UNIVERSITY PRESS

图书在版编目（CIP）数据

语文写霸. 高中古诗文理解性默写. 正楷／田英章
书. —上海：上海交通大学出版社，2017
（华夏万卷）
ISBN 978-7-313-18235-7

Ⅰ.①语…　Ⅱ.①田…　Ⅲ.①汉字–硬笔字–高中–
法帖　Ⅳ.①G634.955.3

中国版本图书馆 CIP 数据核字〔2017〕第 255377 号

语文写霸·高中古诗文理解性默写·正楷
田英章　书

出版发行：上海交通大学出版社　　　　　地　　址：上海市番禺路 951 号
邮政编码：200030　　　　　　　　　　　电　　话：021-64071208
出 版 人：谈　毅
印　　刷：成都蜀望印务有限公司　　　　经　　销：全国新华书店经销
开　　本：787mm×1092mm　1/16　　　　印　　张：4
字　　数：96 千字
版　　次：2017 年 11 月第 1 版　　　　　印　　次：2017 年 11 月第 1 次印刷
书　　号：ISBN 978-7-313-18235-7
定　　价：20.00 元

目录

制芰荷以为衣兮集芙蓉以为
裳不吾知其亦已兮苟余情其
信芳高余冠之岌岌兮长余佩
之陆离

屈原诗 离骚节选 田英章书

桑之落矣其黄而陨自我徂尔
三岁食贫淇水汤汤渐车帷裳
女也不爽士贰其行士也罔极
二三其德

诗经氓节选 田英章书

高中必背古诗文 14 篇

1 劝 学 《荀子》

1. (2017 年高考全国卷 Ⅲ)《荀子·劝学》中强调了积累的重要。以积土成山、积水成渊可以兴风雨、生蛟龙设喻，引出"＿＿＿＿＿，＿＿＿＿＿，＿＿＿＿＿"的观点。

积善成德／而神明自得／圣心备焉

2. (2016 年高考全国卷 Ⅰ)《荀子·劝学》指出，蚯蚓虽然身体柔弱，却能"＿＿＿＿＿，＿＿＿＿＿"是用心专一的缘故。

上食埃土／下饮黄泉

3. 《荀子·劝学》以蚯蚓为例，论证了为学必须锲而不舍，坚持不懈；同篇中与之相反的例证是"＿＿＿＿＿，＿＿＿＿＿，用心躁也"。

蟹六跪而二螯／非蛇鳝之穴无可寄托者

4. 《荀子·劝学》一文中与刘禹锡的诗句"芳林新叶催陈叶，流水前波让后波"观点相近的句子是"＿＿＿＿＿，＿＿＿＿＿，＿＿＿＿＿；＿＿＿＿＿，＿＿＿＿＿，＿＿＿＿＿"。

青／取之于蓝／而青于蓝／冰／水为之／而寒于水

5. 《荀子·劝学》中阐明君子与一般人没有本质上的区别，只是善于利用各种客观条件的两句是"＿＿＿＿＿，＿＿＿＿＿"。

君子生非异也／善假于物也

6. 关于学习与思考的关系，《论语》中说："学而不思则罔，思而不学则殆。"《荀子·劝学》中则认为："＿＿＿＿＿，＿＿＿＿＿。"

吾尝终日而思矣／不如须臾之所学也

7.《荀子·劝学》中"＿＿＿＿＿＿：＿＿＿＿＿＿"是全文的中心论点，也印证了"活到老，学到老"的道理。

君子曰 / 学不可以已

8.《荀子·劝学》中借助"风雨""蛟龙"正面设喻，论述积累的重要性的句子是"＿＿＿＿＿，＿＿＿＿＿；＿＿＿＿＿，＿＿＿＿＿"。

积土成山 / 风雨兴焉 / 积水成渊 / 蛟龙生焉

9.《荀子·劝学》中用挺直的木头被弯曲后，即使再晒干也不能复原的事例，论证了"＿＿＿＿＿，＿＿＿＿＿，＿＿＿＿＿"，说明了事物经过人工改造，可以改变原来的状态的道理。

虽有槁暴 / 不复挺者 / 輮使之然也

10.《荀子·劝学》中，作者把他曾在平地上提起脚后跟向远处看，与登上高处向远处看两者相比较的句子是"＿＿＿＿＿，＿＿＿＿＿"。

吾尝跂而望矣 / 不如登高之博见也

11.《荀子·劝学》中，"＿＿＿＿＿，＿＿＿＿＿"两句运用比喻论证的方法，通过"木"和"金"的变化，说明只有不断学习才能够取得进步。

（故）木受绳则直 / 金就砺则利

12.《荀子·劝学》中，作者通过正反两面对比论证，强调坚持对于学习的重要性的句子是"＿＿＿＿＿，＿＿＿＿＿；＿＿＿＿＿，＿＿＿＿＿"。

锲而舍之 / 朽木不折 / 锲而不舍 / 金石可镂

13.《荀子·劝学》中以蚯蚓和螃蟹为喻，从正反两面论证了学习必须用心专一，不能浮躁。正面比喻是"＿＿＿＿＿，＿＿＿＿＿，上食埃土，下饮黄泉，＿＿＿＿＿"，反面比喻则是螃蟹有六条腿、两个蟹钳，但是因为它用心浮躁，只能在蛇鳝的洞穴安身。

蚓无爪牙之利 / 筋骨之强   用心一也

14. 学习必须持之以恒，就算是骏马也无法做到一跃千里。正如《荀子·劝学》中所说："_____，_____；_____，_____。"

骐骥一跃 / 不能十步 / 驽马十驾 / 功在不舍

15.《荀子·劝学》中用"木受绳则直，金就砺则利"两个比喻进行论证，进而推论出君子需要广泛学习，每天自省，避免行为出错的两句是"_____，_____"。

君子博学而日参省乎己 / 则知明而行无过矣

16.《老子》中说："九层之台，起于累土；千里之行，始于足下。"《荀子·劝学》中"_____，_____；_____，_____"同样形象地论述了积累的重要性。

（故）不积跬步 / 无以至千里 / 不积小流 / 无

以成江海

17.《荀子·劝学》中为了强调学习要善于利用外物，论证时连举四个事例，其中第三个事例是"_____，_____，_____"。

假舆马者 / 非利足也 / 而致千里

◎ 作文素材运用

		也	许	你	正	艰	难	地	攀	登	人	生	陡	峭	的	岩	壁	，	累
得	筋	疲	力	尽	，	请	相	信	"	锲	而	舍	之	，	朽	木	不	折	；
锲	而	不	舍	，	金	石	可	镂	"	不	要	轻	言	放	弃	。			

2　逍遥游　〔战国〕庄　周

1. (2017年高考全国卷Ⅱ)《庄子·逍遥游》中以八千年为一季的大椿为例，阐述何为"大年"，随后指出八百岁的长寿老人实在不算什么："_____，_____，_____！"

而彭祖乃今以久特闻／众人匹之／不亦悲乎

2. (2016年高考山东卷)《庄子·逍遥游》描写迁徙南溟的大鹏击水之广，飞升之高的句子是："_____，_____"。

水击三千里／抟扶摇而上者九万里

3. (2015年高考全国卷Ⅱ)《庄子·逍遥游》指出，"_____，_____"，就像倒在堂前洼地的一杯水，无法浮起一个杯子一样。

（且夫）水之积也不厚／则其负大舟也无力

4. (2014年高考全国卷Ⅱ)《庄子·逍遥游》中以"朝菌"和"蟪蛄"为例来说明"小年"一词的两句是"_____，_____"。

朝菌不知晦朔／蟪蛄不知春秋

5.《庄子·逍遥游》中，说明"小"不了解"大"的行为、想法，同时在全文的结构上起承上启下作用的句子是"_____，_____"。

小知不及大知／小年不及大年

6.《庄子·逍遥游》中"_____，_____"两句赞扬了宋荣子"不以物喜，不以己悲"的淡泊心态。

（且）举世誉之而不加劝／举世非之而不加沮

7.《庄子·逍遥游》中说明大鹏展翅高飞需要有所依凭的句子是"_____，_____"。

故九万里／则风斯在下矣

8.《庄子·逍遥游》中认为能够顺应自然的规律,把握六气的变化,才是"逍遥游"的最高境界的句子是"_____,_____,_____,_____"。

（若夫）乘天地之正/ 而御六气之辩/ 以游无

穷者/ 彼且恶乎待哉

9. 庄周在《庄子·逍遥游》中借"大鹏直上"表达了自己的志向,其中"_____"后来演变为成语"扶摇直上"。

抟扶摇而上者九万里

10.《庄子·逍遥游》中最后点明"无所待"状态下三类人的表现是"_____,_____,_____"。

至人无己/ 神人无功/ 圣人无名

11.《庄子·逍遥游》中,点出列子虽能御风而行,但还是有局限的,达不到逍遥游境界的原因是"_____,_____"。

此虽免乎行/ 犹有所待者也

12.《庄子·逍遥游》中,用"杯水"和"芥舟"的比喻,说明万物活动都相互依赖,且这种联系与自身大小相关的句子是"_____,_____,_____,_____,_____"。

覆杯水于坳堂之上/ 则芥为之舟/ 置杯焉

则胶/ 水浅而舟大也

13.《庄子·逍遥游》中,认为山野中的雾气,空中的尘埃,都是生物用气息相吹拂的结果的句子是"_____,_____,_____"。

野马也/ 尘埃也/ 生物之以息相吹也

14.《庄子·逍遥游》中通过舟对水的依赖性，推论出大鹏的飞翔依赖风的句子是"＿＿＿＿＿＿＿，＿＿＿＿＿＿＿"。

风之积也不厚／则其负大翼也无力

15.《庄子·逍遥游》中的蜩与学鸠，以自己飞翔的状态和高度嘲笑大鹏的一飞冲天，"＿＿＿＿＿＿＿，＿＿＿＿＿＿＿"，表现了蜩与学鸠的见识短浅。

我决起而飞／抢榆枋而止

16.《庄子·逍遥游》中，庄周用"＿＿＿＿＿＿，＿＿＿＿＿＿，＿＿＿＿＿＿，＿＿＿＿＿＿"描绘了现实社会中的四种人，他们分别能"效""比""合""征"。

（故夫）知效一官／行比一乡／德合一君／而

征一国者

17.《庄子·逍遥游》中运用夸张的手法极言鹏之大，用比喻的手法描述大鹏奋飞时的情形的句子是"＿＿＿＿＿＿，＿＿＿＿＿＿；＿＿＿＿＿＿，＿＿＿＿＿＿"。

鹏之背／不知其几千里也／怒而飞／其翼若

垂天之云

18. 庄周在《庄子·逍遥游》中用形象的比喻描写鹏之大的句子是"＿＿＿＿＿＿，＿＿＿＿＿＿，抟扶摇羊角而上者九万里"。

背若泰山／翼若垂天之云

◎ 古代文化常识

　　月相纪日法：指用"朔、朏、望、既望、晦"等表示月相的特称来纪日。"朔"指农历每月初一，"朏"指农历每月初三，月中叫"望"（小月十五日，大月十六日），"望"之后的一天叫"既望"，农历每月最后一天叫"晦"。《庄子·逍遥游》中"朝菌不知晦朔"的意思是朝菌不知一月的时间变化。

3 师 说 〔唐〕韩 愈

1. 唐代文学家韩愈在《师说》中概括老师职能的句子是"＿＿＿＿＿＿，＿＿＿＿＿＿"。

师者／所以传道受业解惑也

2. 韩愈在《师说》中指出老师"无贵无贱，无长无少"，明确提出选择老师的标准的两句是"＿＿＿＿＿＿，＿＿＿＿＿＿"。

道之所存／师之所存也

3. 韩愈在《师说》中，通过"古之圣人"与"今之众人"的鲜明对比，批判了当世之人"＿＿＿＿＿＿，＿＿＿＿＿＿"的错误风气。

其下圣人也亦远矣／而耻学于师

4. 韩愈在《师说》中客观地阐述了弟子与老师的关系，认为教与学的界限并非不可打破，师生关系可以互相转换的句子是"＿＿＿＿＿＿，＿＿＿＿＿＿"，因为"＿＿＿＿＿＿，＿＿＿＿＿＿，＿＿＿＿＿＿"，强调懂得道理有先有后，学问和技能方面各有各的研究。

（是故）弟子不必不如师／师不必贤于弟子

闻道有先后／术业有专攻／如是而已

5. 韩愈在《师说》中引用孔子的话，论述要虚心向别人学习的句子是"孔子曰：＿＿＿＿＿＿，＿＿＿＿＿＿"。

三人行／则必有我师

6. 韩愈在《师说》中对当时的士大夫们耻于学习的现象发出了两句慨叹："＿＿＿＿＿＿！ ＿＿＿＿＿＿！"其中，"久"字写出了当世之人耻于从师的现象已成陋习，"难"字写出了从师学习的重要性。

师道之不传也久矣／欲人之无惑也难矣

7. 韩愈在《师说》中明确指出自己所说的"师"并不是指教小孩子读书的老师的句子是"彼童子之师，＿＿＿＿＿＿，
＿＿＿＿＿＿"。

授之书而习其句读者 / 非吾所谓传其道解其

惑者也

8. 韩愈在《师说》中批判士大夫之族在拜师求学上的浅见会导致"＿＿＿＿＿＿，＿＿＿＿＿＿"。

小学而大遗 / 吾未见其明也

9. 韩愈的文章不但说理透彻，逻辑性强，而且简洁生动。《师说》中"＿＿＿＿＿＿，＿＿＿＿＿＿"凝练地概括了士大夫们耻于从师的荒谬心态。

位卑则足羞 / 官盛则近谀

10. 韩愈在《师说》中表明士大夫们不重师道，导致见识竟然比不上巫医乐师百工之人的句子是"＿＿＿＿＿＿，
＿＿＿＿＿＿"。

今其智乃反不能及 / 其可怪也欤

11. 韩愈在《师说》中指出，古代圣人的才智远超一般人，"＿＿＿＿＿＿"；现在众人的才智低于圣人很多，"＿＿＿＿＿＿"；这就造成了"＿＿＿＿＿＿，＿＿＿＿＿＿"两种截然不同的结果。

犹且从师而问焉　　而耻学于师　　（是故）

圣益圣 / 愚益愚

12. 人的一生要不断学习，才能学到更多知识，因为人并不是生出来就都懂得许多道理的，谁能没有疑惑呢？正如韩愈在《师说》中所言："＿＿＿＿＿＿，＿＿＿＿＿＿？"

人非生而知之者 / 孰能无惑

13. 韩愈认为从师是为了学习道理,不必在意老师年龄的大小。他在《师说》中写道:"_____,_____?"

吾师道也/ 夫庸知其年之先后生于吾乎

14. 韩愈在《师说》中写了时人在对待从师学习的问题上对其子和对自身的不同态度:对其子是"_____,_____";对自身是"_____"。

爱其子/ 择师而教之　则耻师焉

15. 韩愈在《师说》中生动地描写了士大夫之类的人耻于从师的现象的句子是"_____,_____"。

曰师曰弟子云者/ 则群聚而笑之

16. 在《师说》结尾,韩愈揭示了写作这篇文章的缘由。他的学生李蟠不受当时的不良风气影响,"_____,_____"。于是作者"_____,_____"。

不拘于时/ 学于余　余嘉其能行古道/ 作

《师说》以贻之

◎ 对照理解书写

	青	,	取	之	于	蓝	,	而	青	于	蓝	;	冰	,	水	为	之	,
而	寒	于	水	。														
																《荀子·劝学》		
	弟	子	不	必	不	如	师	,	师	不	必	贤	于	弟	子	。		
																韩愈《师说》		

4 阿房宫赋 〔唐〕杜 牧

1. (2017年高考全国卷Ⅰ)杜牧在《阿房宫赋》的结尾处感叹道,如果六国爱护自己的百姓,就足以抵抗秦国,紧接着说:"_____,_____,_____?"

使秦复爱六国之人 / 则递三世可至万世而为

君 / 谁得而族灭也

2. (2016年高考全国卷Ⅱ)杜牧《阿房宫赋》中以"_____,_____"描写阿房宫宫人的美丽,她们伫立远眺,盼望皇帝临幸。

一肌一容 / 尽态极妍

3. (2015年高考重庆卷)杜牧《阿房宫赋》描写渭水、樊川水流平缓的两句是"_____,_____"。

二川溶溶 / 流入宫墙

4. 杜牧在《阿房宫赋》中总结六国和秦国的灭亡是由于统治者的骄奢淫逸和横征暴敛的句子是"_____,_____;_____,_____"。

灭六国者六国也 / 非秦也 / 族秦者秦也 / 非

天下也

5. 杜牧在《阿房宫赋》中表达了忧国忧民、匡时济俗的情怀。他在文末告诫当朝统治者要以史为鉴,不要重蹈覆辙的句子是"_____,_____;_____,_____"。

秦人不暇自哀 / 而后人哀之 / 后人哀之而不

鉴之 / 亦使后人而复哀后人也

6.《红楼梦》中的"护官符"第三句"阿房宫，三百里，住不下金陵一个史"的典故出自杜牧《阿房宫赋》中"_____，_____"两句。

覆压三百余里／隔离天日

7. 杜牧在《阿房宫赋》中言简意赅地交代了秦朝修建阿房宫的历史背景，统领全篇、暗示主题的句子是"_____，_____，_____，_____"。

六王毕／四海一／蜀山兀／阿房出

8. 杜牧在《阿房宫赋》中用"_____，_____，_____，_____"，简明扼要地交代了秦王朝迅速灭亡的历史过程，与开篇"六王毕，四海一，蜀山兀，阿房出"的宏伟气势形成鲜明的对比。

戍卒叫／函谷举／楚人一炬／可怜焦土

9. 杜牧的《阿房宫赋》极力渲染阿房宫的繁华奢靡，其中描写乐声与市井之声对比的句子是"_____，_____"。

管弦呕哑／多于市人之言语

10. 杜牧《阿房宫赋》中"_____，_____"生动描绘出阿房宫走廊曲折，屋檐高耸的特点；"_____，_____"描写了宫室建筑结构的交错和精巧。

廊腰缦回／檐牙高啄　各抱地势／钩心斗角

11. 杜牧在《阿房宫赋》中运用故作疑问的语气，形容长桥似龙的句子是"_____，_____"；运用同样的手法想象了阿房宫空中通道"_____，_____"的美丽神奇。

长桥卧波／未云何龙　复道行空／不霁何虹

12. 杜牧《阿房宫赋》中"_____，_____"两句，运用倒置式的暗喻，用闪烁的明星比喻纷纷打开的梳妆镜；"_____，_____"，则用纷纷扰扰的墨绿云彩，比喻宫女们早晨起来梳理的鬟鬓，突出其头发的浓密乌黑，表现了阿房宫中年轻美女众多。

明星荧荧／开妆镜也　绿云扰扰／梳晓鬟也

13. 杜牧《阿房宫赋》中，以主观感受写阿房宫内轻歌曼舞的盛况，既以歌舞升平的景象衬托宫殿之繁多，又为后文众多美女充盈宫室埋下伏笔的句子是"＿＿＿＿＿＿，＿＿＿＿＿＿；＿＿＿＿＿＿，＿＿＿＿＿＿"。

歌台暖响 / 春光融融 / 舞殿冷袖 / 风雨凄凄

14. 杜牧《阿房宫赋》从最普遍的民心人性角度，说明人心没有区别，都追求幸福快乐，挂念家人，抨击秦王朝穷奢极欲的句子是"＿＿＿＿＿＿，＿＿＿＿＿＿。＿＿＿＿＿＿，＿＿＿＿＿＿"。

一人之心 / 千万人之心也 / 秦爱纷奢 / 人

亦念其家

15. 杜牧在《阿房宫赋》中谴责了秦王朝统治者掠夺财富，肆意挥霍的行为，他在文中质问："＿＿＿＿＿＿，＿＿＿＿＿＿？"

奈何取之尽锱铢 / 用之如泥沙

16. 杜牧在《阿房宫赋》中将"粟粒"和"帛缕"作为比较对象，从细微之处突出阿房宫耗费之巨的两句是"＿＿＿＿＿＿，＿＿＿＿＿＿；＿＿＿＿＿＿，＿＿＿＿＿＿"。

钉头磷磷 / 多于在庾之粟粒 / 瓦缝参差 / 多

于周身之帛缕

17. 杜牧《阿房宫赋》中表现"秦人"对掠夺来的海量珍宝毫不珍惜的句子是"＿＿＿＿＿，＿＿＿＿＿，＿＿＿＿＿"。

鼎铛玉石 / 金块珠砾 / 弃掷逦迤

◎ 古代文化常识

四海：指天下、全国。如杜牧《阿房宫赋》："六王毕，四海一。"张溥《五人墓碑记》："四海之大，有几人欤？"

八荒：指八方最边远的地方，泛指天下。如贾谊《过秦论》："有席卷天下，包举宇内，囊括四海之意，并吞八荒之心。"

5 赤壁赋 〔宋〕苏 轼

1. (2016 年高考全国卷Ⅲ)在《赤壁赋》的开头，苏轼写自己与朋友泛舟赤壁之下，朗诵《诗经·陈风》中的《月出》篇，即文中所谓"_____，_____"。

诵明月之诗／歌窈窕之章

2. (2014 年高考全国卷Ⅱ)在《赤壁赋》中，苏轼用"_____，_____"两句概括了曹操的军队在攻破荆州后顺流东下时的军容之盛。

舳舻千里／旌旗蔽空

3. 成语"沧海一粟"由苏轼《赤壁赋》中的"_____，_____"演化而来，这句话运用比喻的手法感叹了生命的短暂与个体的渺小。

寄蜉蝣于天地／渺沧海之一粟

4. 苏轼《赤壁赋》中，面对浩浩荡荡、奔腾不息的长江，吹洞箫的客人发出了"_____，_____"之语，感叹人生的短暂，向往长江的永恒。

哀吾生之须臾／羡长江之无穷

5. 苏轼《赤壁赋》中，"_____，_____"描写了秋天江面的风平浪静，表现了作者怡然自得的心境，与《后赤壁赋》中的"山高月小，水落石出"相映成趣。

清风徐来／水波不兴

6. 苏轼《赤壁赋》中从正面描写客人吹洞箫的"呜呜"之声悲伤、幽怨的句子是"_____，_____，_____，_____"。

如怨如慕／如泣如诉／余音袅袅／不绝如缕

7. 苏轼在《赤壁赋》中通过写蛟龙和寡妇的反应，从侧面描写箫声的哀婉缠绵、凄恻动人的句子是"_____，_____"。

舞幽壑之潜蛟／泣孤舟之嫠妇

8.苏轼《赤壁赋》中,"＿＿＿＿＿＿,＿＿＿＿＿＿"描写了秋夜月出之时,江面上的月光、水色连成一片的美景。

白露横江 / 水光接天

9.苏轼《赤壁赋》中,"＿＿＿＿＿,＿＿＿＿"表达了客人希望与神仙为伴、与明月厮守的情怀。

挟飞仙以遨游 / 抱明月而长终

10.苏轼《赤壁赋》中,以江水、明月作比,说明世间万物都有"变"的一面,也有"不变"的一面的句子是"＿＿＿＿＿,＿＿＿＿＿;＿＿＿＿＿,＿＿＿＿＿"。

逝者如斯 / 而未尝往也 / 盈虚者如彼 / 而卒

莫消长也

11.《赤壁赋》中,苏轼从事物变化的角度出发,认为天地之间万事万物都在变化的句子是"＿＿＿＿＿,＿＿＿＿＿"。

盖将自其变者而观之 / 则天地曾不能以一瞬

12.《赤壁赋》中,苏轼从"不变"的角度指出人和万物都是永恒的句子是"＿＿＿＿＿,＿＿＿＿＿"。

自其不变者而观之 / 则物与我皆无尽也

13.《赤壁赋》中,苏轼认为天地万物各有主宰,不是自己的东西,一丝一毫也不要。"＿＿＿＿＿,＿＿＿＿＿,＿＿＿＿＿,＿＿＿＿＿",表达了他对待荣辱得失的豁达态度。

（且夫）天地之间 / 物各有主 / 苟非吾之所有 /

虽一毫而莫取

14. 《赤壁赋》中，苏轼用"_____，_____"两句描写了曹操面对大江斟酒、横执长矛吟诗的英雄豪情，渲染了他不可战胜的赫赫气势。

酾酒临江 / 横槊赋诗

15. 《赤壁赋》中，苏轼描写从东面山上升起的满月，似乎像游人一样来回走动的句子是"_____，_____"。

月出于东山之上 / 徘徊于斗牛之间

16. 《赤壁赋》中，苏轼描写他与客人乘坐的小船，像一片叶子自由飘荡在浩渺的江面上的句子是"_____，_____"。

纵一苇之所如 / 凌万顷之茫然

17. 苏轼在《赤壁赋》中表现泛舟之时感觉秋天的江面辽阔无边的句子是"_____，_____"。在这样的江面上行舟，"_____，_____"，像脱离了人世，升入仙境。

浩浩乎如冯虚御风 / 而不知其所止　飘飘

乎如遗世独立 / 羽化而登仙

◎ 对照理解书写

白	露	横	江	，	水	光	接	天	。
							苏轼《赤壁赋》		

落	霞	与	孤	鹜	齐	飞	，	秋	水	共	长	天	一	色	。
								王勃《滕王阁序》							

孤	帆	远	影	碧	空	尽	，	唯	见	长	江	天	际	流	。
								李白《黄鹤楼送孟浩然之广陵》							

6　氓　《诗经》

1.《诗经·氓》中与"青梅竹马"意境相仿的一句是"＿＿＿＿＿＿，＿＿＿＿＿＿"。

总角之宴／言笑晏晏

2.《诗经·氓》中用比兴的手法，写出了女主人公年轻貌美、新婚幸福的句子是"＿＿＿＿＿＿，＿＿＿＿＿＿"。

桑之未落／其叶沃若

3.《诗经·氓》中以桑树起兴，借桑叶的凋落暗示女主人公年老色衰的句子是"＿＿＿＿＿＿，＿＿＿＿＿＿"。

桑之落矣／其黄而陨

4.《诗经·氓》中，女子对爱情忠贞专一与男子心怀二意形成鲜明对比的句子是"＿＿＿＿＿＿，＿＿＿＿＿＿"。

女也不爽／士贰其行

5.《诗经·氓》中，女主人公斥责男子变化无常，三心二意的行为的句子是"＿＿＿＿＿＿，＿＿＿＿＿＿"。

士也罔极／二三其德

6.《诗经·氓》中，"＿＿＿＿＿，＿＿＿＿＿。＿＿＿＿＿，＿＿＿＿＿"对比了女主人公见到心上人前后行为的不同，表现出女主人公的痴情。

不见复关／泣涕涟涟／既见复关／载笑载言

7.《诗经·氓》中女主人公回忆自己起早贪黑、每日操劳的婚后生活的句子是"＿＿＿＿＿＿，＿＿＿＿＿＿"。

夙兴夜寐／靡有朝矣

8.《诗经·氓》中表现女主人公与"氓"最初山盟海誓,男子最后却违背了誓言的句子是"_____,_____"。"_____,_____"则表达了女主人公对"氓"负心薄幸行为的愤然决绝之情,体现出她刚烈的性格特点。

信誓旦旦 / 不思其反　反是不思 / 亦已焉哉

9.《诗经·氓》中,女主人公心里委屈,家人却不理解她的处境,甚至嘲笑她,孤立无奈的她只能"_____,_____"。

静言思之 / 躬自悼矣

10.《诗经·氓》中,女主人公用比兴的手法劝告女子不要轻易地沉迷于男女之情的句子是"_____,_____!_____,_____"。

于嗟鸠兮 / 无食桑葚 / 于嗟女兮 / 无与士耽

11.《诗经·氓》中,女主人公认为女子和男子对待感情的态度并不相同:"_____,_____。_____,_____!"

士之耽兮 / 犹可说也 / 女之耽兮 / 不可说也

12.《诗经·氓》中,"_____,_____"两句,以"淇"和"隰"有边界来表达女主人公对摆脱不幸婚姻遭遇的期待。

淇则有岸 / 隰则有泮

13.《诗经·氓》指明女主人公推迟婚期的原因,以及男子初露的粗暴性格,同时也表现了女子温柔体贴的句子是"_____,_____。_____,_____"。

匪我愆期 / 子无良媒 / 将子无怒 / 秋以为期

◎ 古代文化常识

《诗经》"六义":指的是风、雅、颂、赋、比、兴。前三者指诗的不同形式,后三者指诗的不同表现手法。

总角:古代的少年男女把头发分作两半,各扎成一个丫髻,如头顶两角,叫总角,后来用"总角"指代少年时代。"总角之交"一般指年少之时就结交相识的朋友。

7 离 骚 〔战国〕屈 原

1.(2015年高考全国卷Ⅰ)在《离骚》中,屈原诉说自己曾因佩戴蕙草而遭到贬逐,也曾被加上采摘白芷的罪名,但他坚定地表示:"_____,_____。"

亦余心之所善兮 / 虽九死其犹未悔

2.(2014年高考全国卷Ⅰ)屈原在《离骚》中表现自己同情百姓的苦难生活,并因此流泪叹息的名句是"_____,_____"。

长太息以掩涕兮 / 哀民生之多艰

3.韩愈《左迁至蓝关示侄孙湘》中"一封朝奏九重天,夕贬潮阳路八千"通过朝夕对比表达人生的失意与怅惘,屈原《离骚》中表述与之相近的境遇的句子是"_____,_____"。

余虽好修姱以鞿羁兮 / 謇朝谇而夕替

4.屈原在《离骚》中用香草作比,说明自己遭贬谪是因为德行高尚的句子是"_____,_____"。

既替余以蕙纕兮 / 又申之以揽茝

5.屈原在《离骚》中以美人自比,用"_____,_____"两句说明了自己因品德高尚被小人嫉妒、诬陷的处境。

众女嫉余之蛾眉兮 / 谣诼谓余以善淫

6.屈原在《离骚》中埋怨楚怀王糊涂荒唐,始终不能体察他忧国忧民的一片忠心的句子是"_____,_____"。

怨灵修之浩荡兮 / 终不察夫民心

7.屈原在《离骚》中表明自己追慕先贤,愿保持清白,献身正道的决心和志向的句子是"_____,_____"。

伏清白以死直兮 / 固前圣之所厚

8.《离骚》中"_____，_____"两句用了比兴的手法，屈原以用荷叶、莲花为衣装，表明自己品行高洁。

制芰荷以为衣兮 / 集芙蓉以为裳

9.《离骚》中"_____，_____"两句批判了当时社会把随意违背准则、苟合取悦他人奉为信条的不良社会风气。

背绳墨以追曲兮 / 竞周容以为度

10. 屈原在《离骚》中通过"_____，_____"描写了芳草虽然和泥沼混杂，但纯洁的品质并没有污损，以此表现自己的洁身自好。

芳与泽其杂糅兮 / 唯昭质其犹未亏

11. 屈原在《离骚》中声明："_____，_____！"表明了自己宁愿遭遇死亡或者流放，也决不愿意与奸邪同流合污，与丑恶相随的心志。

宁溘死以流亡兮 / 余不忍为此态也

12.《离骚》中"_____，_____"的语句表明人各有各的乐趣，而诗人的志趣是穷其一生追求美好。

民生各有所乐兮 / 余独好修以为常

13. 屈原在《离骚》中用反问的语气表明自己勤勉不懈地追求自我修养，坚持美好的政治理想，并强调自己即使遭受酷刑也不改初心的句子是"_____，_____"。

虽体解吾犹未变兮 / 岂余心之可惩

◎古代文化常识

《诗经》：中国最早的一部诗歌总集，反映了西周初年至春秋中叶约五百年间的社会面貌，开创了现实主义创作手法的先河，是文学现实主义传统的源头。

《离骚》：《楚辞》的典型代表作，是我国古代最长的抒情诗。《离骚》开创了我国浪漫主义创作手法的先河，是文学浪漫主义传统的源头。中国文学史上往往将"风"与"骚"并称，"风"指《国风》，代表《诗经》；"骚"指《离骚》，代表《楚辞》。

8 蜀道难 〔唐〕李 白

1.（2016 年高考全国卷 Ⅱ）李白《蜀道难》中"_____，_____"两句，以感叹的方式收束对蜀道凶险的描写，转入后文对人事的关注。

其险也如此/ 嗟尔远道之人胡为乎来哉

2.（2014 年高考全国卷 Ⅰ）李白《蜀道难》中"_____，_____"两句写山势高险，即便是善飞的黄鹤、轻捷的猿猴都很难越过。

黄鹤之飞尚不得过/ 猿猱欲度愁攀援

3.李白《蜀道难》中"_____，_____"两句随着感情的起伏和自然场景的变化反复出现了三次，激荡着读者的心弦。

蜀道之难/ 难于上青天

4.李白《蜀道难》中"_____，_____"两句用夸张的手法表现了蜀地长久以来交通闭塞的情景。

尔来四万八千岁/ 不与秦塞通人烟

5.李白《蜀道难》中"_____，_____"两句用"五丁开山"的传说，写出了古代劳动人民付出生命代价才开辟出一条崎岖险峻山路的艰辛。

地崩山摧壮士死/ 然后天梯石栈相钩连

6.李白《蜀道难》中描写剑阁地势险要、易守难攻的名句是"_____，_____"。

一夫当关/ 万夫莫开

7.李白《蜀道难》中"_____，_____"两句化用了西晋张载《剑阁铭》中的"形胜之地，匪亲勿居"之句，表现了诗人对剑阁防御的关切与担忧。

所守或匪亲/ 化为狼与豺

8. 李白《蜀道难》中"＿＿＿＿＿，＿＿＿＿＿"两句用"鸟道""峨眉巅"极言蜀道的高峻雄奇，不可攀越，说明自古以来秦、蜀之间少有往来的原因。

西当太白有鸟道 / 可以横绝峨眉巅

9. 李白《蜀道难》用"＿＿＿＿＿，＿＿＿＿＿"写出水石激荡、山谷轰鸣的惊险场景，达到一种排山倒海的艺术效果，再次强调了蜀道的山高路险。

飞湍瀑流争喧豗 / 砅崖转石万壑雷。

10. 李白《蜀道难》中描写青泥岭山路的曲折、盘旋的句子是"＿＿＿＿＿，＿＿＿＿＿"。

青泥何盘盘 / 百步九折萦岩峦

11. 李白《蜀道难》中"＿＿＿＿＿，＿＿＿＿＿"两句通过描写行人面对山势的高危抚胸叹息而无可奈何的样子，衬托了蜀道的高险。

扪参历井仰胁息 / 以手抚膺坐长叹

12. 李白《蜀道难》中从上、下两方面的视角来写蜀道的高山之巍峨，流水之曲折的句子是"＿＿＿＿＿，＿＿＿＿＿"。

上有六龙回日之高标 / 下有冲波逆折之

回川

13. 李白《蜀道难》中用夸张的手法极言山峰之高、绝壁之险，渲染惊险气氛的句子是"＿＿＿＿＿，＿＿＿＿＿"。

连峰去天不盈尺 / 枯松倒挂倚绝壁

◎ **古代文化常识**

　　子规：杜鹃鸟，俗称布谷，又名子规、子宇、子鹃。春夏时节，杜鹃彻夜啼鸣，啼声清脆而短促，传说是蜀国古望帝魂魄所化，啼声哀怨动人。杜鹃在古诗文中一般是凄凉、哀伤的象征。

9 登 高 〔唐〕杜 甫

1.杜甫《登高》是一首七言律诗,律诗中间的两联通常是对仗工整的。其中的颔联是"＿＿＿＿＿＿,＿＿＿＿＿＿"。

无边落木萧萧下／不尽长江滚滚来

2.《登高》中,杜甫的视角由高到低,从声音和色彩两个角度描写了六种情景,动静相间,声色相融,渲染出美丽而萧瑟的秋景的句子是"＿＿＿＿＿＿,＿＿＿＿＿＿"。

风急天高猿啸哀／渚清沙白鸟飞回

3.杜甫在《登高》中用"＿＿＿＿＿＿,＿＿＿＿＿＿"将眼前的秋景与心中的悲凉情绪联系在一起,极写自己羁旅之悲和孤独之感,直接抒发了漂泊异乡的凄苦和年老体衰的惆怅,同时也蕴含着与衰弱的生命顽强抗争的精神。

万里悲秋常作客／百年多病独登台

4.杜甫的《登高》中,"＿＿＿＿＿＿,＿＿＿＿＿＿"表现了诗人因为忧国伤时白发增多,潦倒困苦,借酒消愁,无限悲凉难以排遣。

艰难苦恨繁霜鬓／潦倒新停浊酒杯

◎古诗名句鉴赏

无边落木萧萧下,不尽长江滚滚来。

"无	边	"	"	不	尽	"	使	"	萧	萧	"	"	滚	滚	"	更	加	形
象	化	,	既	有	落	木	窸	窣	之	声	,	长	江	汹	涌	之	状	,	也
表	达	了	韶	光	易	逝	、	壮	志	难	酬	的	悲	怆	。			

10 琵琶行并序 〔唐〕白居易

1. (2016年高考全国卷Ⅲ)严格地说,浔阳并非绝对没有音乐,只是声音单调繁杂,实在难以入耳。白居易《琵琶行》中"_____,_____"两句表达了这样的意思。

岂无山歌与村笛 / 呕哑嘲哳难为听

2. (2015年高考全国卷Ⅱ)白居易《琵琶行》中"_____,_____"两句,写的是演奏正式开始之前的准备过程。

转轴拨弦三两声 / 未成曲调先有情

3. (2015年高考北京卷)白居易《琵琶行》运用了以声写声的手法来写琵琶声:"_____,_____。间关莺语花底滑,幽咽泉流冰下难。"

嘈嘈切切错杂弹 / 大珠小珠落玉盘

4. 白居易《琵琶行》中"_____,_____"两句,既点明了诗人送别友人的环境,又渲染出离别在即的悲凉心境。

浔阳江头夜送客 / 枫叶荻花秋瑟瑟

5. 白居易《琵琶行》中"_____,_____"两句,运用了顶真修辞,借江水寒凉、月色凄冷之景,抒发离别的不舍之情。

醉不成欢惨将别 / 别时茫茫江浸月

6. 白居易《琵琶行》中"_____,_____"既写出了琵琶女的矜持、犹豫,又表现了诗人急于与琵琶女相见的心情。

千呼万唤始出来 / 犹抱琵琶半遮面

7. 白居易《琵琶行》中"_____,_____"两句,运用比喻的手法描写琵琶声像暴雨,像人声。

大弦嘈嘈如急雨,小弦切切如私语

8. 白居易《琵琶行》中巧用通感，用鸟鸣声和水流声形容琵琶声的句子是"＿＿＿＿＿＿，＿＿＿＿＿＿"。

间关莺语花底滑 / 幽咽泉流冰下难

9. 白居易《琵琶行》中"＿＿＿＿＿＿，＿＿＿＿＿＿"描写了弦音低沉、凝滞乃至暂时停顿的情景，此时诗人的感受是"＿＿＿＿＿＿，＿＿＿＿＿＿"，表现了琵琶声余音袅袅，余韵无穷。

冰泉冷涩弦凝绝 / 凝绝不通声暂歇　　别有

幽愁暗恨生 / 此时无声胜有声

10. 白居易《琵琶行》中用"＿＿＿＿＿＿，＿＿＿＿＿＿"描写了琵琶声在暂歇后突然爆发出激越、高亢的乐音，然后"＿＿＿＿＿＿，＿＿＿＿＿＿"，精彩的演奏戛然而止。

银瓶乍破水浆迸 / 铁骑突出刀枪鸣　　曲终

收拨当心画 / 四弦一声如裂帛

11. 白居易在《琵琶行》中用大量笔墨正面描写琵琶女的高超技艺之后，又通过听者沉默、冷月凄清来反衬音乐的强大艺术感染力的句子是"＿＿＿＿＿＿，＿＿＿＿＿＿"。

东船西舫悄无言 / 唯见江心秋月白

12. 白居易《琵琶行》中运用侧面烘托的手法描写曾经的琵琶女美丽出众、技艺惊艳全场的句子是"＿＿＿＿＿＿，＿＿＿＿＿＿"。

曲罢曾教善才服 / 妆成每被秋娘妒

13. 白居易《琵琶行》中借月明江寒烘托琵琶女独守空船的凄凉心境的句子是"＿＿＿＿＿＿，＿＿＿＿＿＿"。

去来江口守空船 / 绕船月明江水寒

14. 白居易《琵琶行》中"＿＿＿＿＿＿＿＿，＿＿＿＿＿＿＿＿"两句，以梦中往昔的欢愉，反衬了如今的落寞，表现了琵琶女抚今追昔的辛酸与伤感。

夜深忽梦少年事／梦啼妆泪红阑干

15. 白居易《琵琶行》全诗的主旨句是"＿＿＿＿＿＿＿＿，＿＿＿＿＿＿＿＿"，表达了诗人与琵琶女同病相怜的共鸣。

同是天涯沦落人／相逢何必曾相识

16. 白居易在《琵琶行》中写自己谪居浔阳，无论是在春天江水汩汩、鲜花盛开的早上，还是在秋天明月朗照的美好夜晚，都是独自一人喝酒的句子是"＿＿＿＿＿＿＿＿，＿＿＿＿＿＿＿＿"，用春花秋月的迷人景色反衬了诗人被贬官之后孤独地借酒浇愁的寂寥落寞之情。

春江花朝秋月夜／往往取酒还独倾

17. 后人常用"司马青衫"的典故来表现由于内心痛苦而伤心流泪，形容悲伤凄切的情感，出自白居易《琵琶行》中的"＿＿＿＿＿＿＿＿？＿＿＿＿＿＿＿＿"两句。诗句描写了诗人第二次听琵琶女弹奏时感慨自己因触怒权贵，被贬为有职无权的江州司马的不幸遭遇，不禁掩面哭泣，泪湿衣衫。

座中泣下谁最多／江州司马青衫湿

◎ 对照理解书写

	间	关	莺	语	花	底	滑	，	幽	咽	泉	流	冰	下	难	。	
														白居易《琵琶行》			

	昆	山	玉	碎	凤	凰	叫	，	芙	蓉	泣	露	香	兰	笑	。	
													李贺《李凭箜篌引》			

	爽	籁	发	而	清	风	生	，	纤	歌	凝	而	白	云	遏	。	
													王勃《滕王阁序》			

11 锦 瑟 〔唐〕李商隐

1. 李商隐《锦瑟》中"＿＿＿＿＿，＿＿＿＿＿"两句，化用庄周和望帝的典故，写自己曾经沉迷于美好的梦境，并有过殷切的怀念，营造出迷离的意境，哀婉动人。

庄生晓梦迷蝴蝶／望帝春心托杜鹃

2. 李商隐《锦瑟》中"＿＿＿＿＿，＿＿＿＿＿"两句，借鲛人泣珠和良玉生烟的典故，创造出一种可望而不可即的美好意境，表达了诗人的怅惘之情。

沧海月明珠有泪／蓝田日暖玉生烟

3. 李商隐《锦瑟》中，诗人从"追梦"中醒来，感慨往事已逝，徒留回忆，流露出无可奈何之情的诗句是"＿＿＿＿＿？＿＿＿＿＿"。

此情可待成追忆／只是当时已惘然

4. 李商隐《锦瑟》中，以锦瑟起兴，引起对华年往事追忆的诗句是"＿＿＿＿＿，＿＿＿＿＿"。

锦瑟无端五十弦／一弦一柱思华年

5. 李商隐在《锦瑟》中，用阴阳冷暖的不同美好情境描绘出不可企及的理想事物，表达悲哀与失落之情的诗句是"＿＿＿＿＿，＿＿＿＿＿"。

沧海月明珠有泪／蓝田日暖玉生烟

6. 李商隐在《锦瑟》中，回环曲折地表达了自己追悔莫及的惆怅和痛苦的诗句是"＿＿＿＿＿？＿＿＿＿＿"。

此情可待成追忆／只是当时已惘然

◎古代文化常识

用典：写作的常用表现手法之一，通常有用事和引用或化用前人诗句两种。用事是借用历史故事来表达作者的思想感情，属于借古抒怀，如李商隐《锦瑟》中用了"庄周梦蝶"和"望帝化杜鹃"的典故。引用或化用前人诗句的目的是加深诗词中的意境，促使读者通过联想而寻得言外之意，如曹操《短歌行》"青青子衿，悠悠我心"，直接引用了《诗经·郑风·子衿》的诗句。

12　虞美人　〔南唐〕李　煜

1. (2016年高考山东卷)李煜《虞美人》词中"＿＿＿＿＿＿？＿＿＿＿＿＿"两句,以江水比喻自己的愁绪,抒发亡国之君无尽的痛苦之情。

问君能有几多愁／恰似一江春水向东流

2. 李商隐《登乐游原》中"夕阳无限好,只是近黄昏"表达了对美好而又行将消逝的夕阳的留恋。而李煜《虞美人》词中"＿＿＿＿＿＿？＿＿＿＿＿＿"两句,却因美好的自然之景而把愁闷之情劈空倾泻下来,既写出了自然界轮回更替的永恒和人生的短暂易逝,又含蓄地表达出词人对人生的绝望。

春花秋月何时了／往事知多少

3. 崔护《题都城南庄》中"人面不知何处去,桃花依旧笑春风"写出了物是人非之感。李煜《虞美人》词中"＿＿＿＿＿,＿＿＿＿＿"也写出了同样的感受。

雕栏玉砌应犹在／只是朱颜改

4. 李煜在《虞美人》词中直抒胸臆,表达内心的故国之思和亡国之痛的句子是"＿＿＿＿＿,＿＿＿＿＿"。

小楼昨夜又东风／故国不堪回首月明中

◎ **对照理解书写**

问君能有几多愁？恰似一江春水向东流。

李煜《虞美人》

若问闲情都几许？一川烟草，满城风絮，

梅子黄时雨！

贺铸《青玉案》

13　念奴娇·赤壁怀古　〔宋〕苏　轼

1. (2017年高考山东卷)苏轼《念奴娇(大江东去)》中"＿＿＿＿＿＿，＿＿＿＿＿＿"两句,描写了骇浪搏击江岸的壮丽景色。

　　　惊涛拍岸／卷起千堆雪

2. (2015年高考全国卷Ⅰ)苏轼《念奴娇(大江东去)》中"＿＿＿＿＿＿，＿＿＿＿＿＿"两句,收束了对赤壁雄奇景物的描写,引起后面对历史的缅怀。

　　　江山如画／一时多少豪杰

3. 苏轼《念奴娇·赤壁怀古》中,塑造出周瑜在指挥赤壁之战时意气风发的青年英雄形象的句子是"＿＿＿＿＿＿，＿＿＿＿＿＿，＿＿＿＿＿＿"。

　　　遥想公瑾当年／小乔初嫁了／雄姿英发

4. 苏轼《念奴娇·赤壁怀古》中,表现周瑜在战场上风度翩翩、从容应战、指挥若定的儒将风度的句子是"＿＿＿＿＿＿，＿＿＿＿＿＿，＿＿＿＿＿＿"。

　　　羽扇纶巾／谈笑间／樯橹灰飞烟灭

5. 《念奴娇·赤壁怀古》中,苏轼遥想周瑜年纪轻轻就功成名就,感慨自己两鬓斑白却功业未成,表达自嘲自伤的情绪的句子是"＿＿＿＿＿＿，＿＿＿＿＿，＿＿＿＿＿＿"。

　　　故国神游／多情应笑我／早生华发

6. 苏轼在《念奴娇·赤壁怀古》中用"＿＿＿＿＿＿，＿＿＿＿＿＿"两句,感慨人生短暂,凭吊英雄人物,抒发了自己壮志难酬的苦闷,只好以一杯清酒祭奠江水和明月。

　　　人生如梦／一尊还酹江月

◎古代文化常识

　　"三苏":指宋代文学家苏洵和他的儿子苏轼、苏辙,与汉末"三曹"父子(曹操、曹丕、曹植)齐名。苏轼在书法方面也成就极大,与黄庭坚、米芾、蔡襄并称"宋四家"。

　　"唐宋八大家":又称"唐宋古文八大家",是唐宋时期八位杰出散文家的合称,即唐代的韩愈、柳宗元和宋代的欧阳修、苏洵、苏轼、苏辙、王安石、曾巩。

14　永遇乐·京口北固亭怀古　〔宋〕辛弃疾

1. (2016年高考全国卷Ⅰ)在《永遇乐(千古江山)》中,辛弃疾回顾了元嘉年间的那次北伐,宋文帝刘义隆本希望能够"_____",但由于行事草率,最终却"_____"。

封狼居胥　　赢得仓皇北顾

2. (2015年高考重庆卷)辛弃疾《永遇乐·京口北固亭怀古》写宋文帝刘义隆草率出师北伐,结果落得北望敌军而惊慌失措的三句是"_____,_____,_____"。

元嘉草草 / 封狼居胥 / 赢得仓皇北顾

3. 辛弃疾在《永遇乐·京口北固亭怀古》中,感慨孙权当政时期的旧迹已被岁月洗涤干净的句子是"_____,_____"。

舞榭歌台 / 风流总被雨打风吹去

4. 辛弃疾在《永遇乐·京口北固亭怀古》中,把南朝宋武帝刘裕起兵北伐、收复失地的历史形象地概括为振奋人心的"_____,_____"两句。

金戈铁马 / 气吞万里如虎

5. 《永遇乐·京口北固亭怀古》是辛弃疾的忧愤之作,其中"_____,_____,_____",借古讽今,感慨北方已非宋朝国土,最为沉痛。

可堪回首 / 佛狸祠下 / 一片神鸦社鼓

6. 辛弃疾在《永遇乐·京口北固亭怀古》结尾发出"_____,_____"的慨叹,以廉颇自比,既表明了抗金报国的决心,又抒发了壮志难酬的悲愤。

廉颇老矣 / 尚能饭否

◎ 古代文化常识

九州:中国的别称之一,泛指全中国。古人将全国划分为九个区域,即"九州",州名分别是:冀、兖、青、徐、扬、荆、豫、梁、雍。如陆游《示儿》诗云:"死去元知万事空,但悲不见九州同。"

中原:又称中土、中州。狭义的中原指今河南省一带,广义的中原指黄河中下游地区或整个黄河流域。如陆游《示儿》诗云:"王师北定中原日,家祭无忘告乃翁。"

初中必背古诗文 61 篇

1.《关雎》中，从听觉的角度表现河岸鸟鸣的美好场景的句子是"＿＿＿＿＿，＿＿＿＿＿"；描写男子对文静、美丽女子的爱慕之情的句子是"＿＿＿＿＿，＿＿＿＿＿"。

关关雎鸠 / 在河之洲　窈窕淑女 / 君子好逑

2.《关雎》中生动形象地描写出了男子因追求不到心上人而日夜饱受相思之苦的样子的诗句是"＿＿＿＿＿，＿＿＿＿＿。＿＿＿＿＿，＿＿＿＿＿"。

求之不得 / 寤寐思服 / 悠哉悠哉 / 辗转反侧

3.《蒹葭》中寓情于景，用芦苇叶上的露珠凝成霜花的朦胧意象，表现佳人可望而不可即的诗句是"＿＿＿＿＿，＿＿＿＿＿。＿＿＿＿＿，＿＿＿＿＿"。

蒹葭苍苍 / 白露为霜 / 所谓伊人 / 在水一方

4.《蒹葭》中"＿＿＿＿＿""＿＿＿＿＿""＿＿＿＿＿"分别表现了诗中主人公追寻伊人的道路之艰难。

道阻且长　　道阻且跻　　道阻且右

5.《十五从军征》中"＿＿＿＿＿，＿＿＿＿＿"两句，与贺知章《回乡偶书》中"少小离家老大回"有异曲同工之妙。

十五从军征 / 八十始得归

6.《十五从军征》中，描写老兵征战归乡，看到动物在他的家里自由出入、自得其乐的景象的句子是"＿＿＿＿＿，＿＿＿＿＿"。

兔从狗窦入 / 雉从梁上飞

7.（2017 年高考全国卷Ⅰ）曹操《观沧海》中"＿＿＿＿＿，＿＿＿＿＿"两句描写了海水荡漾、峰峦矗立的景象。

水何澹澹 / 山岛竦峙

8. 曹操《观沧海》中用奇特的想象展现了沧海的宏伟浩瀚,也表现了诗人博大胸襟和雄伟志向的句子是"_____,_____;_____,_____"。

日月之行 / 若出其中 / 星汉灿烂 / 若出其里

9. 陶渊明在《饮酒(其五)》中以自问自答的方式,道出自己身居闹市却不觉得喧嚣的原因的诗句是"_____,_____。_____?_____"。

结庐在人境 / 而无车马喧 / 问君何能尔 / 心

远地自偏

10. 陶渊明《饮酒(其五)》中"_____,_____"表现了诗人怡然自得、恬淡闲适、热爱自然的旷达心境。

采菊东篱下 / 悠然见南山

11. 陶渊明在《饮酒(其五)》中用"_____,_____"表达感悟人生时"只可意会,不可言传"的妙趣。

此中有真意 / 欲辨已忘言

◎ 作文素材运用

| 放 | 眼 | 茫 | 茫 | 芦 | 荡 | , | 千 | 丝 | 万 | 缕 | 的 | 芦 | 花 | 轻 | 软 | 飘 | 逸 | , |

| 邻 | 家 | 女 | 孩 | 一 | 样 | 清 | 纯 | 。 | 水 | 雾 | 弥 | 漫 | 之 | 间 | , | 似 | 有 | " | 所 |

| 谓 | 伊 | 人 | , | 在 | 水 | 一 | 方 | " | 的 | 唯 | 美 | 梦 | 境 | 。 |

12.《木兰诗》中用互文的修辞手法概述战争旷日持久,战斗激烈悲壮的诗句是"_____,_____"。

将军百战死 / 壮士十年归

13.《木兰诗》中用比喻作结,对木兰女扮男装、代父从军十二年未被发现的奥秘加以巧妙解答道:"_____,_____;_____,_____?"

雄兔脚扑朔 / 雌兔眼迷离 / 双兔傍地走 / 安

能辨我是雄雌

14. 与朋友远别时,我们会用王勃《送杜少府之任蜀州》中的名句"_____,_____"赠别壮行,表达万水千山隔不断真挚情谊。

海内存知己 / 天涯若比邻

15. 王勃在《送杜少府之任蜀州》中劝勉友人不要像青年男女那样因为离别而泪洒衣襟,而应该坦然面对离别的诗句是"_____,_____"。

无为在歧路 / 儿女共沾巾

16. 陈子昂在《登幽州台歌》中运用对比手法,抒发怀才不遇之感的诗句是"_____,_____";抒发独立于天地间的孤独苦闷之情的诗句是"_____,_____"。

前不见古人 / 后不见来者　念天地之悠

悠 / 独怆然而涕下

17. 王湾在《次北固山下》中借北归的鸿雁传书,抒发游子的思乡情深的诗句是"_____?_____"。

乡书何处达 / 归雁洛阳边

18. 王湾《次北固山下》中蕴含了新旧事物交替发展规律的自然哲理，表达诗人乐观向上、积极进取精神的对偶名句是"_____，_____"。

海日生残夜 / 江春入旧年

19.（2015 年高考全国卷Ⅰ）王维《使至塞上》中"_____，_____"一联，写了到达边塞后看到的奇特壮丽风光，画面开阔，意境雄浑。

大漠孤烟直 / 长河落日圆

20. 王维《使至塞上》中以"蓬""雁"自况，叙事写景，表达了诗人的飘零之感的诗句是"_____，_____"。

征蓬出汉塞 / 归雁入胡天

21. 李白在《闻王昌龄左迁龙标遥有此寄》中，采用寓情于景的手法，既描绘出南方暮春之景，点明时令，又蕴含了漂泊之感、离别之恨、迁谪之远，抒发了悲苦哀怨之情的诗句是"_____，_____"。

杨花落尽子规啼 / 闻道龙标过五溪

22. 李白在《闻王昌龄左迁龙标遥有此寄》中，将月亮人格化，寄托自己对友人不幸遭受贬谪的同情与关怀之情的诗句是"_____，_____"。

我寄愁心与明月 / 随君直到夜郎西

23.（2014 年高考全国卷Ⅱ）李白《行路难（金樽清酒斗十千）》一诗经过大段的反复回旋，最后境界顿开，用"_____，_____"两句表达了诗人的乐观和自信。

长风破浪会有时 / 直挂云帆济沧海

24. 李白在《行路难（金樽清酒斗十千）》中通过想象自己想要渡过黄河，却见厚重的冰雪堵塞了河川，将要登上太行山，却见漫天风雪弥漫了山岭的情景，象征了人生路上的艰难险阻，也表现了诗人壮志难酬之感的诗句是"_____，_____"。

欲渡黄河冰塞川 / 将登太行雪满山

25. 崔颢在《黄鹤楼》中表达岁月不复返之憾，使人顿生"岁月悠悠，世事苍茫"之感，并具有空间开阔感，无形中催生了乡愁的诗句是"_____，_____"。

黄鹤一去不复返／白云千载空悠悠

26. 夕阳西下，总是特别容易勾起游子的思乡之情，正如崔颢《黄鹤楼》中所写："_____？_____"。

日暮乡关何处是／烟波江上使人愁

27. 杜甫《望岳》一诗中，与王安石的"不畏浮云遮望眼，自缘身在最高层"及孟子的"孔子登东山而小鲁，登泰山而小天下"有异曲同工之妙的诗句是"_____，_____"，表现了诗人不畏险阻、敢于攀登绝顶、俯视一切的雄心壮志和气魄。

会当凌绝顶／一览众山小

28. (2014年高考全国卷Ⅰ)杜甫在《春望》中借花鸟以抒发自己悲愤情感的名句是"_____，_____"。

感时花溅泪／恨别鸟惊心

29. (2017年高考全国卷Ⅲ)杜甫《茅屋为秋风所破歌》中，"_____，_____"两句写狂风停止之后云层变得墨黑，天色马上暗下来，引出下文屋破又遭连夜雨的境况。

俄顷风定云墨色／秋天漠漠向昏黑

30. 杜甫《茅屋为秋风所破歌》中的诗句"_____，_____"集中表现了诗人的博大胸襟和崇高理想。

安得广厦千万间／大庇天下寒士俱欢颜

◎古代文化常识

山水阴阳：古代以山南、水北为阳，以山北、水南为阴。如《愚公移山》"指通豫南，达于汉阴"，"汉阴"指汉水南岸。杜甫《望岳》"造化钟神秀，阴阳割昏晓"，指泰山南北两面，一面明亮一面昏暗，截然不同。泰山极高，而且是东西走向的山脉，南面日光充足，故明亮；北面阳光照不到，故昏暗。

31. 岑参《白雪歌送武判官归京》中"_____，_____"两句，把塞外的冰雪世界想象成生机盎然的春天景象，表现了诗人积极向上的乐观情怀。

忽如一夜春风来 / 千树万树梨花开

32. 岑参在《白雪歌送武判官归京》中运用互文的手法，描写西北边地极度天寒地冻的景象的句子是"_____，_____"。

将军角弓不得控 / 都护铁衣冷难着

33. 岑参《白雪歌送武判官归京》中"_____，_____"两句，表现了朋友之间的深情厚谊和依依惜别的惆怅之情。

山回路转不见君 / 雪上空留马行处

34. 刘禹锡在《酬乐天扬州初逢席上见赠》中运用典故写归乡有感和自然景物新旧交替的诗句是"_____，_____。_____，_____"。

怀旧空吟闻笛赋 / 到乡翻似烂柯人 / 沉舟

侧畔千帆过 / 病树前头万木春

◎ 对照理解书写

| 海 | 日 | 生 | 残 | 夜 | ， | 江 | 春 | 入 | 旧 | 年 | 。 | | |

王湾
《次北固山下》

| 沉 | 舟 | 侧 | 畔 | 千 | 帆 | 过 | ， | 病 | 树 | 前 | 头 | 万 | 木 | 春 | 。 |

刘禹锡《酬乐天
扬州初逢席上见赠》

| 江 | 山 | 代 | 有 | 才 | 人 | 出 | ， | 各 | 领 | 风 | 骚 | 数 | 百 | 年 | 。 |

赵翼《论诗》

35. 白居易《卖炭翁》中描写卖炭翁的外貌的诗句是"＿＿＿＿＿＿，＿＿＿＿＿＿"，表现了他劳动的艰辛。

满面尘灰烟火色 / 两鬓苍苍十指黑

36. 白居易《卖炭翁》中表现出卖炭翁的艰难处境和复杂矛盾的反常心理的诗句是"＿＿＿＿＿＿，＿＿＿＿＿＿"。

可怜身上衣正单 / 心忧炭贱愿天寒

37. 白居易在《钱塘湖春行》中，用拟人的视角描写莺燕的活动，传达春天来临的信息，表达自己的喜悦之情的诗句是"＿＿＿＿＿＿，＿＿＿＿＿＿"。

几处早莺争暖树 / 谁家新燕啄春泥

38. 白居易《钱塘湖春行》中"＿＿＿＿＿＿，＿＿＿＿＿＿"两句，描写了百花初绽、青草吐绿的情态，展现了早春欣欣向荣的景象。

乱花渐欲迷人眼 / 浅草才能没马蹄

39. 李贺《雁门太守行》中"＿＿＿＿＿＿，＿＿＿＿＿＿"两句，从听觉和视觉两个方面渲染战争悲壮、残酷的气氛，也描写了激战中壮美的边塞风光。

角声满天秋色里 / 塞上燕脂凝夜紫

40. 李贺《雁门太守行》中"＿＿＿＿＿＿，＿＿＿＿＿＿"两句，显示出英雄仗剑杀敌、报效朝廷的气概，表明誓死报国的忠心。

报君黄金台上意 / 提携玉龙为君死

41. (2015年高考全国卷Ⅱ)杜牧《赤壁》中"＿＿＿＿＿＿，＿＿＿＿＿＿"两句，设想了赤壁之战双方胜败易位后将导致的结局。

东风不与周郎便 / 铜雀春深锁二乔

42. 杜牧《赤壁》中借古战场上的遗物，兴起对历史的慨叹，暗含岁月流逝而物是人非之感的诗句是"＿＿＿＿＿＿，＿＿＿＿＿＿"。

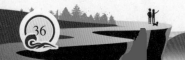

折戟沉沙铁未销／自将磨洗认前朝

43. 古诗词常以"月"烘托意境，如白居易《琵琶行》中的"醉不成欢惨将别，别时茫茫江浸月"，再如杜牧《泊秦淮》中的"_____，_____"。

烟笼寒水月笼沙／夜泊秦淮近酒家

44. 杜牧在《泊秦淮》中借典故含蓄抨击当权者沉迷声色的诗句是"_____，_____"。

商女不知亡国恨／隔江犹唱后庭花

45. 李商隐在《夜雨寄北》中用"_____，_____"之句点明了写诗的时节，流露出诗人滞留异乡、归期未卜的羁旅之愁。

君问归期未有期／巴山夜雨涨秋池

46. 李商隐在《夜雨寄北》中想象与家人团聚、秉烛夜话之景的诗句是"_____，_____"，将相思之情转化为对日后重逢情景的憧憬。

何当共剪西窗烛／却话巴山夜雨时

47. 现在人们常用李商隐《无题》中的"_____，_____"来赞美教师无私奉献的精神。

春蚕到死丝方尽／蜡炬成灰泪始干

48. 古代文人墨客常借"禽鸟"这一意象来传达情意。李商隐在《无题》中，用青鸟传信的神话传说来表达对爱人的牵挂的诗句是"_____，_____"。

蓬山此去无多路／青鸟殷勤为探看

◎ **古代文化常识**

　　意境的特征：古诗词中的意境通常有三个特征：1. 虚实相生；2. 富有美感和韵味；3. 诗画结合，诗中有画，画中有诗，让读者有身临其境之感，产生强烈的情感共鸣。

49. 李煜《相见欢(无言独上西楼)》中刻意表现环境冷清幽闭,情景交融地描绘出孤独凄寒之感的词句是"_____,_____。_____"。

无言独上西楼/ 月如钩/ 寂寞梧桐深院锁

清秋

50. 李煜《相见欢(无言独上西楼)》中以丝的千头万绪,形象地比喻离愁的纷乱和难解的词句是"_____,_____,_____,_____",表现了词人对愁绪的深刻体验。

剪不断/ 理还乱/ 是离愁/ 别是一般滋味在

心头

51. 范仲淹在《渔家傲·秋思》中,运用典故,表达戍边将士思念家乡却又不甘无功而返的矛盾心理的词句是"_____,_____"。

浊酒一杯家万里/ 燕然未勒归无计

52. 范仲淹《渔家傲·秋思》中"_____,_____"描绘了边地荒凉的秋景,化用了王勃《滕王阁序》"雁阵惊寒,声断衡阳之浦"之句。

塞下秋来风景异/ 衡阳雁去无留意

53. 范仲淹《渔家傲·秋思》中与李益"不知何处吹芦管,一夜征人尽望乡"之句一样表达了戍边将士强烈思乡之情的词句是"_____,_____,_____"。

羌管悠悠霜满地/ 人不寐/ 将军白发征夫泪

54. "_____",随着社会的发展,许多方言不可避免地逐渐消失了;"_____",方言中一些精妙的词语,被赋予了新的含义,重新活跃在人们交往的语言中。(请选用晏殊《浣溪沙(一曲新词酒一杯)》中的句子填写)

无可奈何花落去   似曾相识燕归来

55. 王安石在《登飞来峰》中表现豪情满怀,壮志凌云,似觉天地万物都可尽收眼底的诗句是:"_____,_____"。

不畏浮云遮望眼 / 自缘身在最高层

56. 苏轼《江城子·密州出猎》中的"_____,_____",运用了冯唐劝谏皇帝,获许持符节赦免魏尚的典故,以魏尚自比,含蓄表达了自己杀敌卫国的壮志及渴望重新得到重用的心情。

持节云中 / 何日遣冯唐

57. 苏轼在《江城子·密州出猎》中抒发自己想要杀敌报国、守卫边疆的坦荡胸怀和豪情壮志的词句是"_____,_____,_____"。

会挽雕弓如满月 / 西北望 / 射天狼

58. 苏轼《水调歌头(明月几时有)》中"_____,_____"之句表达了对天下离别之人的美好祝福。

但愿人长久 / 千里共婵娟

59.《水调歌头》中"_____,_____"表达了苏轼从宇宙中领悟到的人生哲理,认为悲欢离合是注定的,表现出洒脱、旷达的胸襟。

人有悲欢离合 / 月有阴晴圆缺

◎ 对照理解书写

明月几时有？把酒问青天。

苏轼《水调歌头》

青天有月来几时？我今停杯一问之。

李白《把酒问月》

举杯邀明月，对影成三人。

李白《月下独酌
四首(其一)》

60. 李清照的《渔家傲(天接云涛连晓雾)》想象瑰丽奇特，词中她向天帝倾诉世路艰难而自己生逢不幸的词句是
"＿＿＿＿＿＿，＿＿＿＿＿＿"。

我报路长嗟日暮 / 学诗谩有惊人句

61. 李清照《渔家傲(天接云涛连晓雾)》中"＿＿＿＿＿＿"化用了庄周《逍遥游》"鹏之徙于南冥也，水击三千里，抟扶
摇而上者九万里"的句子。

九万里风鹏正举

62. 陆游《游山西村》中"＿＿＿＿＿＿，＿＿＿＿＿＿"的诗句在景物描写中蕴含了深刻的哲理，现在通常形容事情
仿佛陷入瓶颈，忽然又有了新的转机，多用于自勉或勉励他人。

山重水复疑无路 / 柳暗花明又一村

63. 陆游《游山西村》中描写了山村社日迎神祭祀的热闹风俗，表达了诗人对古老乡土文化的赞美之情的诗句是
"＿＿＿＿＿＿，＿＿＿＿＿＿"。

箫鼓追随春社近 / 衣冠简朴古风存

64. 辛弃疾《南乡子·登京口北固亭有怀》中看江水东流，纵观千古成败，发思古幽情，意味深长的词句是"＿＿＿＿＿＿？
＿＿＿＿＿。＿＿＿＿＿"。

千古兴亡多少事 / 悠悠 / 不尽长江滚滚流

65. 辛弃疾《南乡子·登京口北固亭有怀》中"＿＿＿＿＿＿，＿＿＿＿＿＿"，赞扬了孙权年少英武、不畏强敌、正面迎
战的英雄气概。

年少万兜鍪 / 坐断东南战未休

66. 辛弃疾在《破阵子·为陈同甫赋壮词以寄之》中描写将士们分食烤牛肉，奏响振奋人心的战歌，在秋高气爽时节接
受检阅的情景的词句是"＿＿＿＿＿＿，＿＿＿＿＿＿，＿＿＿＿＿＿"，表现了将士们意气风发、斗志昂扬的精神面
貌。

八百里分麾下炙 / 五十弦翻塞外声 / 沙场秋

点兵

67. 辛弃疾《破阵子·为陈同甫赋壮词以寄之》中的"＿＿＿＿＿＿，＿＿＿＿＿＿"，从视觉和听觉角度描写战斗激烈，勾勒出英雄驭马挽弓、冲锋陷阵，战马飞奔，弓弦雷鸣的战争场面。

马作的卢飞快 / 弓如霹雳弦惊

68. 辛弃疾在《破阵子·为陈同甫赋壮词以寄之》中描写战斗获胜，大功告成时将军意气昂扬的词句是"＿＿＿＿＿＿，＿＿＿＿＿＿"。

了却君王天下事 / 赢得生前身后名

69. "舍生取义"是中国古代文人所推崇的生死观，文天祥在《过零丁洋》中用"＿＿＿＿＿＿？＿＿＿＿＿＿"，表达了他不惧为国捐躯的生死观。

人生自古谁无死 / 留取丹心照汗青

70. 文天祥在《过零丁洋》中以"飘絮"和"浮萍"比喻国势危急，自己身世坎坷，表达了国破家亡之痛和身世飘零之苦的诗句是"＿＿＿＿＿＿，＿＿＿＿＿＿"。

山河破碎风飘絮 / 身世浮沉雨打萍

71. 古代诗词中有些句子全由名词组成，以高度浓缩的语言达到言简义丰的效果，例如温庭筠《商山早行》中的"鸡声茅店月，人迹板桥霜"和马致远《天净沙·秋思》中的"＿＿＿＿＿＿，＿＿＿＿＿＿，＿＿＿＿＿＿"。

枯藤老树昏鸦 / 小桥流水人家 / 古道西风

瘦马

72. 马致远《天净沙·秋思》中的"＿＿＿＿＿＿，＿＿＿＿＿＿"刻画了行走在苍茫暮色中的游子形象，表达了羁旅之人深深的思乡之情。

夕阳西下 / 断肠人在天涯

73. 张养浩《山坡羊·潼关怀古》中的"＿＿＿＿＿，＿＿＿＿＿；＿＿＿＿＿，＿＿＿＿＿"，总结了历史兴亡的规律，体现了对劳动人民的深切同情。

兴／百姓苦／亡／百姓苦

74. 张养浩在《山坡羊·潼关怀古》中运用拟人的手法，化静为动，从视觉和听觉两个方面生动形象地描写了潼关的壮美，体现出地势险要的潼关历来是兵家必争之地的句子是"＿＿＿＿＿，＿＿＿＿＿，＿＿＿＿＿"，含蓄地表达了作者因吊古伤今而产生的满腔悲愤之情。

峰峦如聚／波涛如怒／山河表里潼关路

75. 张养浩在《山坡羊·潼关怀古》中用"＿＿＿＿＿，＿＿＿＿＿"表达了途经潼关，对昔日辉煌的王朝宫殿已经不复存在，只剩下一片断壁残垣的衰败景象的感伤，揭示了历史不断发展变化的规律。

伤心秦汉经行处／宫阙万间都做了土

76. 2016年，杨绛先生走完了她一个多世纪的人生历程，安然辞世。她丰厚的文学遗产和非凡的人格魅力，将永远滋养我们的精神世界。这正如龚自珍在《己亥杂诗（其五）》中所云："＿＿＿＿＿，＿＿＿＿＿"。

落红不是无情物／化作春泥更护花

77. 秋瑾《满江红（小住京华）》中以汉军破楚的故事，比喻自己终于冲破家庭牢笼的词句是"＿＿＿＿＿，＿＿＿＿＿"。

四面歌残终破楚／八年风味徒思浙

78. 秋瑾在《满江红（小住京华）》中表明自己的真诚恳切却不容于世俗，生活中常受折磨的词句是"＿＿＿＿＿？＿＿＿＿＿"。

俗子胸襟谁识我／英雄末路当磨折

◎ **古代文化常识**

　　鼎甲：指古代科举制度最高级别的考试——殿试的一甲三名：状元、榜眼、探花，如一鼎之三足，故称鼎甲。状元居鼎甲之首，故别称鼎元。

　　金榜：古代科举制度殿试后录取进士，揭晓名次的布告，因用黄纸书写，故而称金榜、黄甲。多由皇帝钦点，俗称皇榜。考中进士就称金榜题名。

79. 人对客观世界的认知和兴趣是成正比的,因而苦学的同时,更要乐学,正如《论语·雍也》中所说:"_____,_____。"

知之者不如好之者 / 好之者不如乐之者

80.《论语·学而》中,表明一个有修养之人的心境不受别人影响的句子是"_____,_____"。

人不知而不愠 / 不亦君子乎

81. 高中某班在年级篮球赛中输掉了首场比赛,队员们垂头丧气。队长引用《论语·子罕》中的名句"_____,_____"鼓励队友,要大家坚定信心,迎接下一场挑战。

三军可夺帅也 / 匹夫不可夺志也

82.《论语·述而》中表明孔子虚心向他人学习,面对他人优点和缺点的正确态度的句子是"_____,_____。_____,_____"。

三人行 / 必有我师焉 / 择其善者而从之 / 其

不善者而改之

83. (2016年高考全国卷Ⅲ)《左传·曹刿论战》中记载,鲁庄公十年,齐国入侵。曹刿求见国君献策,但他的乡人质疑道:"_____,_____?"

肉食者谋之 / 又何间焉

84.《左传·曹刿论战》中曹刿认为士气对于战争的胜负起决定性作用,他指出最适合进攻的时机的句子是"_____,_____,_____。_____,_____"。

一鼓作气 / 再而衰 / 三而竭 / 彼竭我盈 / 故

克之

85.《左传·曹刿论战》中曹刿认为"可以一战"的条件是国君做到了"＿＿＿＿，＿＿＿＿，＿＿＿＿"，体现了"取信于民"的战略思想。

小大之狱／虽不能察／必以情

86.（2016年高考全国卷Ⅱ）《孟子·鱼我所欲也》中表示，生是我希望得到的，义也是我希望得到的，但"＿＿＿＿，＿＿＿＿"。

二者不可得兼／舍生而取义者也

87.《孟子·鱼我所欲也》中"＿＿＿＿""＿＿＿＿"解释了不苟且偷生，而要舍生取义的原因。

所欲有甚于生者　　所恶有甚于死者

88.《孟子·鱼我所欲也》中指出"舍生取义"的美德具有普遍性，体现了"性本善"的思想的句子是"＿＿＿＿，＿＿＿＿"。

非独贤者有是心也／人皆有之

89.孟子在《生于忧患，死于安乐》中点明经历艰苦磨难对人成长的作用的句子是"＿＿＿＿，＿＿＿＿"。

（所以）动心忍性／曾益其所不能

90.孟子在《生于忧患，死于安乐》中从内外两方面指出了一个国家走向灭亡的原因的句子是"＿＿＿＿，＿＿＿＿"。

入则无法家拂士／出则无敌国外患者

◎ 古代文化常识

天色纪时法：古人根据天色的变化将一昼夜划分为十二个时辰，分别是夜半、鸡鸣、平旦、日出、食时、隅中、日中、日昳、晡时、日入、黄昏、人定。

地支纪时法：以十二地支来表示一昼夜十二时辰的变化，分别是子、丑、寅、卯、辰、巳、午、未、申、酉、戌、亥。

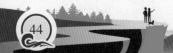

91.《孟子·富贵不能淫》中"＿＿＿＿＿＿，＿＿＿＿＿＿，＿＿＿＿＿＿"这组排比句，阐明了大丈夫应具有的精神品质，对塑造中华民族的精神品格产生了深远的影响。

富贵不能淫／贫贱不能移／威武不能屈

92.《礼记·虽有嘉肴》中运用类比的手法指出了学习的重要性的句子是"＿＿＿＿＿＿，＿＿＿＿＿＿，＿＿＿＿＿＿；
＿＿＿＿＿＿，＿＿＿＿＿＿，＿＿＿＿＿＿"。

虽有嘉肴／弗食／不知其旨也／虽有至道／

弗学／不知其善也

93.《礼记·虽有嘉肴》中由"嘉肴"和"至道"引出了亲自去"学"和"教"之后的困惑的句子是"＿＿＿＿＿＿，
＿＿＿＿＿＿"。

（是故）学然后知不足／教然后知困

94.《礼记·虽有嘉肴》中"＿＿＿＿＿＿"点明了文章的主旨。

教学相长也

95.《列子·伯牙善鼓琴》中总写钟子期堪称伯牙的知音的句子是"＿＿＿＿＿＿，＿＿＿＿＿＿"。

伯牙所念／钟子期必得之

96.《邹忌讽齐王纳谏》中，邹忌将家事与国事进行类比，分析齐王受到蒙蔽的原因的句子是"＿＿＿＿＿＿，
＿＿＿＿＿＿，＿＿＿＿＿＿"。

宫妇左右莫不私王／朝廷之臣莫不畏王／四

境之内莫不有求于王

97.《邹忌讽齐王纳谏》中与"王之蔽甚矣"形成鲜明对比的句子是"＿＿＿＿＿＿，＿＿＿＿＿＿"。

群臣进谏／门庭若市

98.（2016年高考全国卷Ⅰ）在《出师表》开头，诸葛亮向后主指出，先帝刘备过早去世，"＿＿＿＿＿＿，＿＿＿＿＿＿"，正是危急存亡之时。

今天下三分／益州疲弊

99.《出师表》中表现诸葛亮在危难之时勇于担当的句子是"＿＿＿＿＿＿，＿＿＿＿＿＿"。

受任于败军之际／奉命于危难之间

100.《出师表》中表现诸葛亮无意功名、淡泊名利的句子是"＿＿＿＿＿＿，＿＿＿＿＿＿"。

苟全性命于乱世／不求闻达于诸侯

101.（2016年高考北京卷）陆游《西村》一诗中"乱山深处小桃源"之句，使人联想到《桃花源记》中的"＿＿＿＿＿＿，＿＿＿＿＿＿，有良田、美池、桑竹之属。＿＿＿＿＿＿，＿＿＿＿＿＿"。

土地平旷／屋舍俨然　阡陌交通／鸡犬相闻

102.陶渊明《桃花源记》中"＿＿＿＿＿＿，＿＿＿＿＿＿"描绘出了桃花林中芳草鲜嫩、落花纷飞的美景。

芳草鲜美／落英缤纷

103.陶渊明在《桃花源记》中通过对老人和小孩的特写，展现出桃花源中的人们安居乐业的生活场景的句子是"＿＿＿＿＿＿，＿＿＿＿＿＿"。

黄发垂髫／并怡然自乐

104.在《答谢中书书》中，陶弘景以"＿＿＿＿＿＿，＿＿＿＿＿＿；＿＿＿＿＿＿，＿＿＿＿＿＿"四句描写了晨昏之时景物的变化之美。

晓雾将歇 / 猿鸟乱鸣 / 夕日欲颓 / 沉鳞竞跃

105. 陶弘景在《答谢中书书》中以仰观、俯视两个角度写高山流水的景象的句子是"＿＿＿＿＿，＿＿＿＿＿"。

高峰入云 / 清流见底

106. 陶弘景《答谢中书书》中呈现出一派绚丽辉煌美景的句子是"＿＿＿＿＿，＿＿＿＿＿。＿＿＿＿＿，＿＿＿＿＿"。

两岸石壁 / 五色交辉 / 青林翠竹 / 四时俱备

107. 郦道元《三峡》中的山水俱美。尤其是春冬之时的水，碧绿清澈，"＿＿＿＿＿，＿＿＿＿＿"。

（则）素湍绿潭 / 回清倒影

108. 郦道元《三峡》中运用夸张的手法，极写夏季江水暴涨后水流湍急的句子是"＿＿＿＿＿，＿＿＿＿＿"。

虽乘奔御风 / 不以疾也

109. 韩愈《马说》中点明伯乐对千里马的命运起决定作用的句子是"＿＿＿＿＿，＿＿＿＿＿"。

世有伯乐 / 然后有千里马

110. 韩愈《马说》中托物寓意，描写浅薄无知的"食马者"对千里马的不公正待遇的句子是"＿＿＿＿＿，＿＿＿＿＿，＿＿＿＿＿"。

策之不以其道 / 食之不能尽其材 / 鸣之而不

能通其意

111. (2017年高考全国卷Ⅱ)刘禹锡在《陋室铭》中以"＿＿＿＿＿，＿＿＿＿＿"来借指自己的陋室,抒发自己仰慕前贤、安贫乐道的情怀。

南阳诸葛庐 / 西蜀子云亭

112. 刘禹锡在《陋室铭》中点明陋室不陋的原因的句子是"＿＿＿＿＿，＿＿＿＿＿"。

斯是陋室 / 惟吾德馨

113. 刘禹锡在《陋室铭》中表明自己交往的都是雅士的句子是"＿＿＿＿＿，＿＿＿＿＿"。

谈笑有鸿儒 / 往来无白丁

114. 柳宗元《小石潭记》中"＿＿＿＿＿，＿＿＿＿＿，＿＿＿＿＿"描写了潭边茂盛的植物,突出小石潭景致的幽静。

青树翠蔓 / 蒙络摇缀 / 参差披拂

115. 柳宗元《小石潭记》中动静结合,活灵活现地表现了潭中鱼儿轻快敏捷的往来之态的句子是"＿＿＿＿＿，＿＿＿＿＿，＿＿＿＿＿"。

怡然不动 / 俶尔远逝 / 往来翕忽

116. 《岳阳楼记》中体现范仲淹远大抱负的句子是"＿＿＿＿＿，＿＿＿＿＿"。

先天下之忧而忧 / 后天下之乐而乐

117. 范仲淹《岳阳楼记》中"＿＿＿＿＿，＿＿＿＿＿"是对仁人志士超越客观环境和个人荣辱的崇高思想境界的高度概括。

不以物喜 / 不以己悲

118.欧阳修《醉翁亭记》中表现醉翁"言在此而意在彼"的情趣的句子是"＿＿＿＿＿，＿＿＿＿＿"。

醉翁之意不在酒／在乎山水之间也

119. 欧阳修《醉翁亭记》中"_____，_____"描绘了对比鲜明的山间朝暮之景。

（若夫）日出而林霏开／云归而岩穴暝

120. 周敦颐《爱莲说》中"_____，_____"是君子身处污浊环境，超然脱俗，保持高风亮节的真实写照。

出淤泥而不染／濯清涟而不妖

121. 苏轼在《记承天寺夜游》中用比喻的手法描写月夜美景，营造出空明澄澈、疏影摇曳的美妙意境的句子是"_____，_____"。

庭下如积水空明／水中藻、荇交横

122.《送东阳马生序》中表现宋濂虚心求学的态度以及对知识的渴求的句子是"余立侍左右，_____，_____；或遇其叱咄，_____，_____"。

援疑质理／俯身倾耳以请　色愈恭／礼愈至

123. 张岱在《湖心亭看雪》中运用白描手法描绘了一幅举目皆白的雪景的句子是"_____，_____，_____"。

雾凇沆砀／天与云与山与水／上下一白

124. 纪昀的《河中石兽》中点明文章的主旨，告诉人们做任何事都不要凭主观想象而妄下定论的句子："_____，_____，_____"。

然则天下之事／但知其一／不知其二者多

矣／可据理臆断欤

强化训练题组

补写出下列句子中的空缺部分。

题组1 (1)(2017年高考北京卷)陶渊明《归园田居》描绘田园风光的诗云："＿＿＿＿＿＿，＿＿＿＿＿＿。狗吠深巷中,鸡鸣桑树颠。"

暖暖远人村／依依墟里烟

(2)(2017年高考北京卷)王勃《滕王阁序》中有登高望远的语句："披绣闼,俯雕甍,＿＿＿＿＿＿,＿＿＿＿＿＿。"

山原旷其盈视／川泽纡其骇瞩

(3)(2017年高考北京卷)辛弃疾《菩萨蛮·书江西造口壁》为记游之作,其词云："青山遮不住,毕竟东流去。＿＿＿＿＿＿,＿＿＿＿＿＿。"

江晚正愁余／山深闻鹧鸪

题组2 (1)《荀子·劝学》中"＿＿＿＿＿＿,＿＿＿＿＿＿"两句谈学习的重要性,即整日思考比不上片刻学习的效果好。

吾尝终日而思矣／不如须臾之所学也

(2)《赤壁赋》中苏轼通过描写船桨之美和陶醉于月夜划船的美景,表现自己和客人高雅趣味的句子是"＿＿＿＿＿＿,＿＿＿＿＿＿"。

桂棹兮兰桨／击空明兮溯流光

(3)(2017年高考山东卷)《论语·述而》中将"君子"与"小人"的心态进行对比的两句是"＿＿＿＿＿＿,＿＿＿＿＿＿"。

君子坦荡荡／小人长戚戚

◎ 古代文化常识

炼字:古人有"百锻为字,千炼成句"的说法,即要对诗词的关键字词进行推敲与搭配,使其简练精美、生动形象、含蓄深刻,这种对诗词"字眼"的斟酌就是"炼字"。

题组3 （1）(2017年高考山东卷)曹操《短歌行》中"＿＿＿＿＿＿，＿＿＿＿＿＿"两句，把贤才比作光照宇内、可望而不可即的明月，表达了对贤才的渴望。

明明如月／何时可掇

（2）(2016年高考山东卷)杜甫《登岳阳楼》颔联"＿＿＿＿＿＿，＿＿＿＿＿＿"，描写了洞庭湖浩瀚壮阔的景色，千古传诵。

吴楚东南坼／乾坤日夜浮

（3）(2015年高考北京卷)古代文人常常喜欢"啸咏"，陶渊明曾写道："＿＿＿＿＿＿，＿＿＿＿＿＿。聊乘化以归尽，乐夫天命复奚疑！"（《归去来兮辞》）

登东皋以舒啸／临清流而赋诗

题组4 （1）(2015年高考山东卷)杜甫五律《旅夜书怀》的颔联"＿＿＿＿＿＿，＿＿＿＿＿＿"，描绘的景象雄浑阔大，反衬了作者孤苦漂泊的悲怆心情。

星垂平野阔／月涌大江流

（2）(2016年高考北京卷)追忆往事，是陆游诗歌中常有的内容，如《书愤》一诗中"＿＿＿＿＿＿，＿＿＿＿＿＿"一联，就是对抗金历史的回忆。

楼船夜雪瓜洲渡／铁马秋风大散关

（3）(2015年高考山东卷)陶渊明《归去来兮辞》描写归乡途中轻舟快风的两句"＿＿＿＿＿＿，＿＿＿＿＿＿"，表达了作者弃官归乡的畅快心情。

舟遥遥以轻飏／风飘飘而吹衣

题组5 （1）《诗经·氓》中"＿＿＿＿＿＿，＿＿＿＿＿＿"表达了女主人公本想白头到老，但这个心愿却使她心生怨恨的痛苦之情。

及尔偕老／老使我怨

（2）李白在《蜀道难》中用鸟儿在林间盘旋哀鸣渲染蜀道环境凄凉的诗句是"＿＿＿＿＿＿，＿＿＿＿＿＿"。

但见悲鸟号古木／雄飞雌从绕林间

(3)(2015年高考重庆卷)陶渊明《归去来兮辞》中描写拄着拐杖出去走走,随时随地休息的一句是"_____"。

策扶老以流憩

题组6 (2015年高考天津卷)诗人笔下的"秋"气象万千。它是王勃眼里"_____,秋水共长天一色"的寥廓多姿,是杜甫笔下"玉露凋伤枫树林,_____"的沉雄富丽,是苏轼文中"纵一苇之所如,_____"的浩渺烟波。它有刘禹锡"晴空一鹤排云上,便引诗情到碧霄"的超拔豪放,有柳永"念去去,千里烟波,_____"的绵绵愁绪,有辛弃疾"_____,尽西风,季鹰归未"的慷慨悲情,更有毛泽东词中"鹰击长空,鱼翔浅底,_____"的勃勃生机。

落霞与孤鹜齐飞　巫山巫峡气萧森　凌万

项之茫然　暮霭沉沉楚天阔　休说鲈鱼堪脍

万类霜天竞自由

题组7 (1)白居易在《琵琶行》中以设问的形式突出自己被贬之地的偏僻荒凉,以寄寓苦情的诗句是"_____?_____"。

其间旦暮闻何物／杜鹃啼血猿哀鸣

(2)杜甫《茅屋为秋风所破歌》中"_____,_____"之句表现了诗人舍己为人、至死不悔的精神。

何时眼前突兀见此屋／吾庐独破受冻死

亦足

(3)芒种是农人一年中最忙的时节。行走村野，见农人刈麦田间，耕种劳作。芒种，忙种！让人想起白居易的诗句"＿＿＿＿＿，＿＿＿＿＿"。（《观刈麦》）

田家少闲月 / 五月人倍忙

题组8 (1)辛弃疾在《永遇乐·京口北固亭怀古》开篇追忆孙权，表达对英雄人物及其功业的景仰之情的词句是"＿＿＿＿＿，＿＿＿＿＿"。

千古江山 / 英雄无觅孙仲谋处

(2)杜牧在《阿房宫赋》中认为秦统治者如能调整治理方法，则可长久延续统治的句子是"＿＿＿＿＿，＿＿＿＿＿"。

使秦复爱六国之人 / 则递三世可至万世而

为君

(3)范仲淹在《岳阳楼记》中赞扬好友滕子京的政绩的句子是"＿＿＿＿＿，＿＿＿＿＿"。

政通人和 / 百废具兴

题组9 (1)苏轼《赤壁赋》中客人与曹操进行了对比：曹操当时是"舳舻千里，旌旗蔽空"，而"苏子与客"只是"＿＿＿＿＿"；曹操当时是"＿＿＿＿＿，＿＿＿＿＿"，而"苏子与客"只是"举匏樽以相属"。

驾一叶之扁舟　　酾酒临江 / 横槊赋诗

(2)杜甫《登高》中"＿＿＿＿＿，＿＿＿＿＿"两句境界壮阔，寓情于景，表达了韶光易逝、壮志难酬的感慨。

无边落木萧萧下 / 不尽长江滚滚来

(3)孔子面对逝水东流，感叹时光一去不复返的句子是"＿＿＿＿＿，＿＿＿＿＿"。（《论语·子罕》）

逝者如斯夫／不舍昼夜

题组 10 (1)屈原在《离骚》中以"方枘""圆凿"为喻表明自己决不与异道之人同流合污的决心道："＿＿＿＿＿？
＿＿＿＿＿？"

何方圆之能周兮／夫孰异道而相安

(2)李煜在《虞美人》中用比喻、夸张和设问的手法，以奔流的江水比喻愁绪，将抽象的情感形象化为具体的景物的词句是"＿＿＿＿＿？＿＿＿＿＿"。与李白的"抽刀断水水更流，举杯消愁愁更愁"之句有异曲同工之妙，都是极言愁绪的繁多而绵长，无尽无休。

问君能有几多愁／恰似一江春水向东流

(3)(2015年高考北京卷)苏轼词作《醉翁操》中"惟翁醉中知其天""醉翁啸咏，声和流泉"，呼应了《醉翁亭记》中"醉翁之意不在酒，在乎山水之间也""＿＿＿＿＿，＿＿＿＿＿"等寄情山水的名句。

山水之乐／得之心而寓之酒也（或：四时之景

不同／而乐亦无穷也）

◎ **对照理解书写**

| | 海 | 内 | 存 | 知 | 己 | ， | 天 | 涯 | 若 | 比 | 邻 | 。 | | |

王勃《送杜少府
之任蜀州》

| | 海 | 上 | 生 | 明 | 月 | ， | 天 | 涯 | 共 | 此 | 时 | 。 | | |

张九龄
《望月怀远》

| | 但 | 愿 | 人 | 长 | 久 | ， | 千 | 里 | 共 | 婵 | 娟 | 。 | | |

苏轼《水调歌头》

语文答题卡

书写示范

姓　名 _____

准考证号 □□□□□□□□□

贴条形码区

此栏考生禁填　缺考标记 □

第一部分　选择题

1	2	3	4	7	8	10	11	12	14	17	18	19
[A]	[A]	■	[A]	[A]	■	[A]	[A]	[A]	■	[A]	[A]	[A]
■	[B]	[B]	■	[B]	[B]	[B]	■	[B]	[B]	[B]	■	[B]
[C]	■	[C]	[C]	[C]	[C]	■	[C]	[C]	■	■	[C]	■
[D]	[D]	[D]	[D]	■	■	[D]	[D]	■	[D]	[D]	[D]	[D]
					[E]				■			

第二部分　主观题

一、现代文阅读（二）

5. (5分) ① 指具体的窗子,如铁纱窗、玻璃窗,分隔了不同的生活场景；② 指"无形的窗子",即心态与观念的限制,造成了自我与外部世界的隔膜。

请在各题目的答题区域内作答,超出答题区域的答案无效

6. (6分) ① 小说人物"他"所知有限,这样写很真实; ② 故事戛然而止,强化了小说的神秘氛围; ③打破读者的心理预期,留下了更多想象回味的空间。

一、现代文阅读 (三)

9. (4分) ① 从居民来说, 要提高认识, 掌握分类方法, 养成良好习惯; ②从政府来说,要完善处理设施,建立配套系统,制定奖惩措施。

二、古代诗文阅读 (一)

13. (10分)

(1) 许将说:"这件事,指示边地官员办理不就行了,要派使者做什么呢?"萧禧羞惭不能回答。

(2) 章惇担任宰相,与蔡卞一起恣意罗织诬陷,贬斥元祐旧臣,奏请开挖司马光坟墓。

15. (6分) ①用春蚕食叶描摹考场内考生落笔纸上的声响,生动贴切;②动中见静,越发显出考场的庄严寂静;③强化作者充满希望的喜悦之情。

二、古代诗文阅读(三)

16. (5分)

(1) 积善成德　而神明自得　圣心备焉

(2) 俄顷风定云墨色　秋天漠漠向昏黑

三、语言文字运用

20. (6分)

① 在时间上有很强的互补性

② 冬季阳光强度小而风大

③ 晴朗的白天由太阳能发电装置发电

四、写作（60分）

清词丽句必为邻

　　昨夜冷雨敲窗，卧室之内却暖意融融。透过窗纱的缕缕清寒被温暖的橘黄灯光驱散得无影无踪。我静坐窗下，在书中寻觅古人雨夜的行踪。

　　汉语如此美妙，寥寥数语就含蓄隽永，意味深长。李商隐夜接家书，不知归期几何，却憧憬着日后与家人共话巴山夜雨的情景；李煜辗转难眠，侧耳倾听潺潺雨声，春意阑珊之夜难忘亡国之痛；陆游报国无门，深夜卧听风雨交加，位虽卑，仍未敢忘忧国……冰冷的雨滴沾染了诗人的情思，再由琳琅诗语点石成金，即可传诵千古。如果没有李清照的一句"应是绿肥红瘦"，谁会想起数百年前的那场"雨疏风骤"；如果没有韦庄感叹"无情最是台城柳，依旧烟笼十里堤"，谁又会想到江雨霏霏、六朝如梦的凄凉；如果没有柳永的一曲《雨霖铃》流传至今，谁又会知道某个骤雨初歇的秋暮，竟会是一对恋人离别的序曲？

　　窗外雨声淅沥，我不由得挂念起阳台上

的娇花。我若种有一株海棠,我定会像东坡居士那样"只恐夜深花睡去,故烧高烛照红妆"吧。文人雅士的浪漫情怀,依附笔墨书香而流传千古。陆放翁"矮纸斜行闲作草,晴窗细乳戏分茶"的雅趣至今依然为人津津乐道。汉语美,古诗词更是蕴藉无限,我深深沉溺其中,流连缱绻,早已忘了夜深寒重。

随手翻开一本唐诗集,白居易的一句"草萤有耀终非火,荷露虽团岂是珠"引我深思。见惯了诗词中的秋闺怨妇、思乡游子、怀才不遇的哀怨,乍遇一蕴含哲理的警句,我不禁浮想联翩。外表再浮华,内在的虚无依然无法掩盖,只可惜世人多注重外观,忽略内在韵致,才会有鱼目混珠、滥竽充数之类的典故。再浏览一本宋诗选,细细思量朱熹"问渠哪得清如许,为有源头活水来"之句,获益匪浅。外表固然重要,内秀更是根本。博览群书,登高博见,提升内在修养,内外兼修,方是修身养性之道。

我流连于汉语奇妙的诗词世界,倦意却毫不客气地渐渐袭上眼眸。"不薄今人爱古人,清词丽句必为邻",明晚吧,纵然明晚没

请勿在此
区域内作答

有风雨相伴，我仍会在温暖的灯光下享受夜读的乐趣。李白的疏狂、杜甫的沉郁、李商隐的晦涩、温庭筠的绮靡、苏轼的豪放、李清照的婉约……古老的诗词万口相传已不觉得新鲜。明晚，我或许将欣赏冰心的《繁星·春水》，走进钱钟书的《围城》回味张爱玲笔下的上海和香港那一段段旧日《传奇》……文学的天地广阔无垠，我愿意沉醉其中，感受洗练干净的语言之美，体验文人的雅趣，汲取有益的哲理。